mon carnet

avant

d'aller voir

un Psy

(ou pas...)

Patricia Chalon & Nathalie Faure

Marabout

Sommaire

Chapitre 1
Souvenirs d'enfance

Chapitre 4
Juste une mise au point !

Chapitre 2
Sur la route

Chapitre 3
Le grand défilé des rencontres

❝ On se souvient tous de nos petits cahiers d'enfant parsemés de dessins et de mots étranges, **❞**

de ces fameux carnets rigides à cadenas offerts pour nos dix ans et très vite jetés sous le lit, pour que les parents ne les trouvent pas. On se souvient de nos interminables conversations avec cet ami imaginaire à qui l'on confiait nos joies, nos peines, nos doutes, nos projets, nos envies. Parfois « l'ami cahier » laissait place à l'ami tout court. Et c'est dans la cour de l'école ou du collège que l'on s'échangeait petits mots du jour et d'humour et autres messages. C'est dans ces années-là qu'on a compris le sens du mot intime. Être intime avec quelqu'un, respecter son intimité, voilà des notions qui prirent peu à peu du sens. Plus tard, on a continué à échanger sur l'intime avec nos amis, nos amours, nos familles. À cette familiarité avec nos ressentis, nos émotions s'est agrégée celle de la complicité et de l'échange. On a rangé nos petits carnets à cadenas. On les a remplacés par des agendas et autres organizers bien remplis.

Émaillés de numéros de téléphone, de messages griffonnés, de dates, de plans, de codes d'accès, de grands traits de surligneur fluo, de rendez-vous barrés, de chiffres bizarres, de croquis de l'ennui et d'étranges cryptogrammes censés témoigner d'un bout de notre vie, ces carnets de l'âge adulte ont continué à raconter notre vie. À nous raconter. Crayonnés, raturés, proprement écrits ou quasi illisibles, ces pages ont ponctué nos journées, accompagné nos déplacements, perturbé nos nuits. Elles sont devenues les gages d'une intimité à nulle autre pareille.

" Des espaces pour parler de soi au travers du quotidien. "

Il est bien étonnant de constater d'ailleurs combien de gens gardent précieusement leurs agendas de l'année précédente, quand bien même ils en reportent la substantifique moelle – numéros de téléphones et infos importantes d'une année sur l'autre. Il n'est pas rare de constater non plus que l'acte d'achat de ces petits carrés de papier tient plus du rituel que de la vie pratique. Peut-être parce qu'ils ont aussi suscité des vocations, au hasard d'un dessin, d'un bon mot ou d'une rangée de chiffres – quel architecte n'a pas raconté ses premiers croquis jetés sur un coin d'agenda... On sait qu'en nous accompagnant toute une année, ces carnets nous donneront du sens, de la mémoire, des souvenirs, nous gratifieront de quelques clashs, de beaux débuts et de sombres fins. Ces quelques ramettes tissent une toile au-dessus du précieux précipice de nos vies. On y retrouve l'essentiel et l'accessoire, les moments forts de notre année y côtoient les informations les plus anodines. Rendez-vous professionnels ou médicaux déterminants, rencontres marquantes, entretiens professionnels, déjeuners, dîners, sorties, anniversaires de ceux que l'on aime... la liste est longue, chacun a ses habitudes, son mode d'emploi. Tel cet ami qui surligne méthodiquement et en fluo tous ses rendez-vous de la journée ou tâches à accomplir. Bleu pour le « à faire », vert pour le « à appeler », rose pour le « à écrire », orange pour « l'accompli ». Le bonheur de son visage à l'issue d'une semaine parsemée de couleurs côtoie sa face sombre au premier symptôme du feutre noir : car ce dernier signe le terrible « reporté », le non fait. Une horreur de procrastination qui rend fébrile ce féru d'organisation ! Ce petit exemple corrobore bien toute la puissance de nos outils de mémoire. Car au-delà des faits ou tâches pratiques que l'on consigne dans nos carnets, c'est autre chose qui se joue. Entre les figures imposées et les rendez-vous obligés, quelle place laisse-t-on à l'imprévu, à l'insolite, au superflu ? L'air de rien, ces carnets constituent une sacrée mine pour comprendre ce que nous sommes, comment nous fonctionnons. D'ailleurs la presse magazine ne s'y est pas trompée, qui décline à l'envi ses rubriques « l'agenda de » ou le « bureau de » comme autant de fenêtres ouvertes sur l'intime d'une personnalité. Au terme d'une année à nous suivre et à nous précéder, ce fameux carnet aura pris de la bouteille, gagné en volume (gonflé qu'il sera de photos, coupons, documents, coupures de presse, cartes de visites et autres fioritures !).

Il finira dans une malle, un tiroir, une jolie boîte fourre-tout. Quelques années plus tard, au hasard d'un déménagement, on retrouvera avec émotion ce petit repère de notre vie. Ce monstre de détails qu'est le quotidien se trouvera alors rajeuni, enrichi, rasséréné par les retrouvailles avec ces petits carnets de rien, ces agendas de peu de choses, ces petites bafouilles qui nous reconnectent avec les souvenirs et, surtout, avec nous-même. Pour le meilleur et pour le pire !

66 Une page ouverte sur votre vie. 99

C'est en pensant à ces agendas noircis, à cet intime tracé sur papier, à l'attachement parfois viscéral à nos éphémérides, que l'on a eu envie de vous proposer d'aller plus loin, avec ce carnet intime. D'aborder la propension que l'on a à vouloir consigner les faits marquants de notre existence. D'évoquer le plaisir ou la crainte de figer les repères. La peur du temps, de la mémoire qui flanche, l'envie de chronologie, ou tout simplement le plaisir de se remémorer le quotidien nous motive pour écrire. Écrire, au double sens du verbe d'ailleurs. Car dans la cour de l'intime, le fond et la forme jouent ensemble. La calligraphie apporte ses fines nuances aux propos que l'on rapporte. Quelle émotion de se replonger dans l'écriture tout émue de nous, jeune amoureux, ou dans notre griffonnage stressé de salarié surchargé de pression ! Écrire à la main, remplir son carnet, c'est se dévoiler chaque jour un peu plus. Se souvenir, toujours. Penser à demain en revisitant le passé. S'amuser des rituels. Se risquer à l'introspection. Garder une trace de sa vie actuelle. Inclure son histoire personnelle dans l'histoire collective. Nourrir une curiosité. Le soir au coucher, le matin, le week-end, chacun choisira son moment de retrouvailles avec l'intime de sa vie. Il suffira pour cela d'enfreindre la célérité du quotidien, d'apprivoiser la solitude, pour coucher sur papier ce qui compte, ce qui est beau, ce qui nous touche, nous émeut, nous effraye, ce que l'on désire, ce que l'on ne veut plus.

C'est tout cela, et plus encore, qui nous a donné envie d'aller plus loin, de prolonger l'expérience, de vous proposer ce journal. Nous l'avons conçu comme une page ouverte qui débute sur l'enfance et s'arrête quand vous en avez envie. Une fenêtre sur vous-même. Un pan de ce jardin qu'on dit secret et qu'il ne tient qu'à vous de révéler. Oser se raconter et s'arrêter sur soi constitue sans nul doute l'une des aventures les plus passionnantes qui soit. Une expérience aisée ou difficile. Car aborder son ressenti dans le déroulé de son existence est une façon d'extérioriser ses sentiments. Or voilà bien un exercice douloureux, voire impossible, pour beaucoup d'entre nous. Une prise de risque qui, l'expérience nous l'a souvent prouvée, peut s'avérer dramatique : exprimer ce que l'on éprouve, c'est se mettre à nu, en danger d'être la risée des autres, de se sentir ridicule et donc à même d'être ridiculisé. Une blessure d'amour-propre est très longue à guérir, car elle réactive souvent une posture expérimentée durant l'enfance face à des adultes humiliants ou condescendants devant nos interrogations. Révéler à un tiers ses ressentis les plus profonds est une marque de confiance qui, si elle est bafouée, va laisser pour longtemps des traces douloureuses. Le journal intime permet d'éviter « l'implosion » en épanchant ce trop-plein dont notre coeur est empli. Il devient d'emblée cet ami proche auquel on peut parler sans risque dans un moment où seront déchargés des affects qui n'auront de sens que pour nous-même. Devenu confident, ce précieux cahier auquel on peut tout dire sans peur d'être jugé devient peu à peu un outil de connaissance de soi, un coffre où les moments forts de notre vie, protégés de l'oubli, viendront se cacher au fil du temps. Puis, peu à peu, se livrant à soi-même et faisant l'expérience d'un nouveau langage, il devient concevable de s'ouvrir aux autres. Alors, trouvant le mot juste pour soi-même, la communication redevient possible.

❝ Un guide à votre écoute. ❞

Dans cette optique, ce journal du moi est bien évidemment interactif. À vous de le suivre ou pas, de poser des questions, de ne pas y répondre, de vous laisser surprendre par lui. À vous de décider de son sort : outil de connaissance de soi pour prendre du recul sur sa vie et les événements importants qui la jalonnent ; moyen d'apposer des émotions ou des sentiments aux moments forts de l'existence ; de lutter contre la fuite des souvenirs ; de décharger ses peurs, ses angoisses, ses doutes ; d'inscrire ses joies, ses découvertes, ses projets ; de transmettre son histoire personnelle ; de donner la clé de son chemin de vie. Un chemin parcouru de bonnes intentions, balayé d'aspirations déçues, de renouveaux, de départs, de choix, de décisions, de liberté à conquérir, de rencontres. S'il se propose d'être un guide ouvrant la voie de votre histoire, ce carnet est surtout un instrument à votre écoute. Respectueux de votre rythme. Vous souhaitez faire des pauses, vous appesantir sur tel ou tel événement, ou au contraire faire l'impasse sur tel autre ? Vous êtes libre de le remplir comme bon vous semble. Ce que vous n'avez jamais osé dire, vous aurez tout loisir de l'écrire ! Bien sûr, vous avez aussi le choix et le droit à la page blanche, au terrain vague. Les pages « défouloir » sont là pour ça ! À vous d'y laisser vos créations, ou ce qui vous encombre. Vous découvrirez que la symbolique a parfois de sacrés effets...

Ce journal se propose d'être un compagnon d'un nouveau genre. Vous accompagnant sans vous presser, vous ouvrant la voie sans obstruer le paysage, vous proposant des chemins sans vous imposer de route. Car c'est vous qui composez le voyage de votre histoire personnelle. Au fond, un journal intime demeure un bel oxymore : un journal ne vaut que s'il a des lecteurs ; mais l'intimité, par essence, ne regarde pas autrui. À vous de vous démener et de vous divertir avec ce joli paradoxe ! À vous d'ouvrir ce journal, de le laisser, de le reprendre, de le corriger, de l'annoter. À vous d'être curieux de vous-même. À vous de le transmettre ou de le garder, rien que pour vous. Juste pour le plaisir de vous raconter.

Pourquoi ce carnet ?

Vous pouvez rayer les mentions qui ne vous conviennent pas au moment où vous noircissez les pages de ce cahier.

- ○ Pour vous faire du bien
- ○ Pour chiner dans vos souvenirs
- ○ Pour témoigner d'une époque
- ○ Pour laisser une trace
- ○ Pour transmettre vous expérience de vie
- ○ Pour révéler vos secrets
- ○ Pour vous confronter au travail d'introspection
- ○ Pour vivre un projet d'écriture
- ○ Pour une ou plusieurs autres raisons

_____

_____

_____

_____

_____

_____

_____

_____

_____

_____

_____

_____

Chapitre

*1

Bienvenue
en terre d'enfance

C ertains d'entre nous gardent leur part d'enfance jalousement enfouie au fond de leur mémoire, tel un bijou précieux qui perdrait de son éclat au contact de la lumière. D'autres mettront toute une vie à s'en défaire comme d'un vêtement mouillé et crasseux, collant à la peau, qui fait honte et dont on a du mal à se débarrasser. D'autres encore, refusant de grandir, chercheront toute leur vie à retrouver l'émerveillement et l'insouciance qui leur a échappés. Bien sûr, notre enfance marquera durablement de son empreinte notre construction personnelle car, tout comme un arbre installe ses racines, la forme de ses feuilles et la couleur de ses fleurs, le petit humain inscrit très tôt dans son histoire des spécificités qui le suivront toute sa vie.

M ais rien n'empêche l'arbre de s'élancer vers le ciel d'une manière qui lui est propre en fonction du climat, de la situation géographique et de l'espace dont il dispose. Il sera touffu ou décharné, vivant ou mort. De même, l'enfant aura droit au changement tout au long de sa vie, au gré des rencontres et des événements agréables ou malheureux qui viendront la bouleverser. De notre patrimoine génétique, nous pouvons avoir tiré le meilleur ou le pire : ce nez trop long, ces cheveux filasses... et nous lamenter sur l'injustice de la vie. Mais écouter en nous ce qu'il y a de meilleur, devenir quelqu'un qui inspire le respect, tirer dans l'échange davantage de soi-même pour, ensuite, aller vers l'autre, nous est toujours possible. Ce choix nous est donné et si nous n'en avons pas conscience, la vie se charge de nous l'enseigner.

Photo

Une histoire de famille

《《 *Mes parents avaient vécu quarante ans ensemble, mais par pure animosité.* 》》

Woody ALLEN,
L'amour coupé en deux.

Mon père né le ——— à ———————

Grande qualité & petits défauts
(sa passion pour la numismatique, sa silhouette élancée...)

———————————————————————

———————————————————————

———————————————————————

———————————————————————

———————————————————————

Ce que j'ai hérité de lui
(ses oreilles, son côté maniaque du ménage...)

———————————————————————

———————————————————————

———————————————————————

Les photos d'identité, surtout celles qui datent un peu, sont toujours amusantes. Elles permettent d'envisager vos parents à un âge qui est le vôtre aujourd'hui, par exemple... mais parfois votre père ressemble juste à... votre père, la fausse moustache et les lunettes vintage en plus.

Ma mère née le _____ à
_____

Grande qualité & petits défauts
(sa bonne humeur, son rire strident...)

_____
_____
_____
_____
_____

Ce que j'ai hérité d'elle
(son sale caractère, son regard bleu azur...)

_____
_____
_____
_____

Photo

(Je colle ici de vieilles photos d'identité, ou à défaut, ou si je suis aparticulièrement doué, je dessine de petits portraits.)

Un petit cadavre exquis...

Je dois définir, le plus spontanément possible, par un mot, le lien avec chacun des membres de ma famille.

Je trouve un sujet pour ma mère : ＿＿＿＿＿＿

Je trouve un verbe pour mon père : ＿＿＿＿＿＿

Je trouve des compléments pour mes frères et sœurs :

＿＿＿＿＿＿＿＿＿＿＿＿＿＿＿＿＿＿＿＿＿＿＿＿＿＿＿＿

＿＿＿＿＿＿＿＿＿＿＿＿＿＿＿＿＿＿＿＿＿＿＿＿＿＿＿＿

Finalement, cette phrase résonne plutôt comme...

- O Une devise
- O Un précepte
- O Une épitaphe
- O Un ordre
- O Rien de tout cela

(*Le lien parents-enfants* demeure le grand fil conducteur de l'enfance, car la cellule familiale laisse des traces pour toujours.)

Pour moi, je dirais que ça s'est déroulé...

- O Dans le bonheur et l'harmonie
- O Dans le conflit
- O Dans l'opposition
- O Dans la complicité
- O Dans l'amour tout simplement
- O Dans un peu de tout cela entremêlé

Un instant, je réfléchis

sur le lien avec ma **mère** lorsque j'étais enfant, puis adolescent.
(j'entoure les mots justes pour moi, spontanément)

Fusion • Conflit • Rivalité • Affection • Tendresse • Dispute •
Opposition • Colère • Jalousie • Manque•Absence • Abandon •
Complicité • Négociation • Concession • Apprentissage •
Savoir • Autorité • Partage • Amour • Câlins • Rire • Larmes •
Reconnaissance • Fierté • Loyauté • Courage

Et avec mon **père**, c'était comment ?
(à nouveau, j'entoure les mots justes pour moi)

Fusion • Conflit • Rivalité • Affection • Tendresse • Dispute •
Opposition • Colère • Jalousie • Manque•Absence • Abandon •
Complicité • Négociation • Concession • Apprentissage •
Savoir • Autorité • Partage • Amour • Câlins • Rire • Larmes •
Reconnaissance • Fierté • Loyauté • Courage

Que m'inspirent aujourd'hui ces mots entourés ?

_____

Quels sont ceux que je garderais pour définir mes relations
actuelles avec mes parents ?

_____

Quels sont ceux que je rajouterais, à l'heure où je remplis
ce carnet ?

_____

_____

Le nom de famille

Qu'on en soit fier ou qu'il fasse honte, le nom de famille est un héritage avec lequel il n'est pas toujours facile de vivre. Durant des siècles, le père a inscrit l'enfant dans sa lignée, en lui donnant son nom. La loi du 18 juin 2003 a modifié cet état de fait et permet aujourd'hui de donner à l'enfant soit le nom de son père, soit le nom de sa mère, soit les deux accolés, dans l'ordre souhaité par les parents. Cette révolution est loin d'être anecdotique. Si l'utilisation des deux noms commence à se répandre, l'utilisation du seul nom de la mère est quasiment inexistante, tant il paraît invraisemblable à la majorité des couples de « déposséder » le père de ce droit. De nombreuses femmes sont d'ailleurs surprises de savoir qu'elles peuvent garder leur nom de jeune fille sans y accoler le nom de leur époux. Le désir de changer de nom, lors d'un mariage par exemple, ou de prendre un pseudonyme, peut exprimer le refus d'un individu de reconnaître à ses parents la moindre part de responsabilité dans ce qu'il est devenu ; ou l'envie fusionnelle de ne faire qu'un avec celui que l'on a choisi.

Est-ce que j'aimais bien mon nom de famille ? Pourquoi ?

_____

_____

_____

_____

_____

_____

_____

_____

_____

_____

_____

_____

_____

_____

Le prénom, tout un symbole

Depuis l'enfance, le choix d'un prénom mobilise notre imaginaire : nous avons souvent rêvé (les petites filles surtout) à celui que nous donnerions à notre premier-né, lorsque nous serions parent à notre tour. Cependant, lorsque dans un couple, deux rêves d'enfance se rencontrent, celui qui abandonne ce prénom si longtemps porté dans son cœur, se sent parfois douloureusement dépossédé. Bien sûr, chacun d'entre nous met un peu de lui-même et de sa propre histoire dans le prénom de son enfant, mais il serait extraordinaire que nous lui laissions la liberté de se l'approprier, comme s'il était le premier à l'habiter. Ceux qui portent le prénom d'un enfant disparu ont parfois du mal à trouver leur place tant ils ont l'impression de n'être qu'un produit de remplacement, jamais à la hauteur de celui qui n'aurait pas manqué d'être beaucoup plus brillant s'il avait vécu. Dans le cas de prénom prestigieux, on peut se demander si les parents, superposant un modèle « people » sur l'enfant en devenir, ne le figent pas dans un rôle qu'il aura bien des difficultés à assumer.

Comment a-t-on choisi mon prénom ?

Le choix était-il celui de l'un de mes parents ?

Que signifie-t-il ?

Et mon deuxième prénom ?

Qu'est-ce que je pense de mon prénom aujourd'hui ?

Si je pouvais en choisir un autre ?

Quel lien ai-je eu avec mes frères et sœurs durant l'enfance ?

_____

Nous étions plutôt...

- O Complices (des bavardages sous la couette aux pires bêtises)
- O Frères ennemis (pince-mi et pince-moi)
- O Chacun sa chambre, chacun son univers

Quelle place ai-je dans la fratrie ?
(aîné, petit dernier, enfant unique, etc.)

_____

Cette place revêt-elle un caractère particulier dans ma famille ?

_____

En ai-je souffert, ou au contraire, cela m'a-t-il facilité les choses ?

_____

_____

_____

_____

_____

_____

_____

Quelques pommes de discorde entre frères et sœurs (dans lesquelles j'inscris quelques sujets de conflits).

Frères et sœurs

Nous avons tous, enfouie quelque part dans notre imaginaire, la représentation d'une famille idyllique, vivant en harmonie, où chacun aurait sa place, où le temps de parole de tous serait respecté, et l'entraide, un mode de vie quotidien. Pourtant, quelle que soit sa place dans la fratrie, un frère ou une sœur est un intrus qui provoque de la jalousie et de l'agressivité. Permettre à cette agressivité de s'exprimer est non seulement normal, mais surtout très sain. Cela permet d'affirmer sa place sans subir celle qui nous a été imposée et d'exprimer son hostilité. Entre frères et sœurs, le mélange de sentiments d'injustice et d'amour est généralement au rendez-vous. Mais les frères et sœurs sont aussi des témoins précieux de notre histoire commune et ce lien indéfectible nous aidera souvent à pardonner bien des malentendus, car, dans les moments difficiles, leur réconfort est irremplaçable.

Le jour de ma naissance

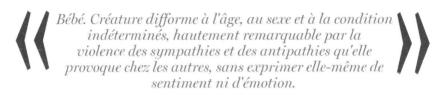

« *Bébé. Créature difforme à l'âge, au sexe et à la condition indéterminés, hautement remarquable par la violence des sympathies et des antipathies qu'elle provoque chez les autres, sans exprimer elle-même de sentiment ni d'émotion.* **»**

Ambrose BIERCE,
extrait du *Dictionnaire du diable*.

Souvent, les mamans se souviennent très précisément de leur grossesse et racontent à leur enfant, bien longtemps après, comment elles se sont senties physiquement et psychologiquement durant cette période.

_____

_____

_____

Votre mère s'est-elle confiée à vous ?

_____

_____

_____

Que sais-je des circonstances de ma naissance ?

_____

_____

_____

_____

S'est-elle déroulée dans des circonstances
particulières ?

_____

_____

_____

_____

Ai-je recueilli les confidences de mes parents sur ce moment
précis ?

_____

_____

_____

Où suis-je né ?

_____

_____

Mon lieu de naissance revêt-il un sens particulier ?
Pourquoi ?

_____

_____

Ai-je envie d'y retourner ?

_____

_____

Esprit de famille

<< *Une famille qui crie est une famille unie.* >>

Gérald GODIN,
Extrait de *l'Ange exterminateur.*

Listomanie

Le patrimoine familial

1-Intellectuel ‑‑‑‑‑‑‑‑‑‑‑‑‑‑‑‑‑‑‑‑‑‑‑‑‑‑‑‑‑‑‑‑‑‑‑‑‑‑‑

2-Culturel ‑‑‑

3-Moral ‑‑‑

4-Religieux ‑‑

5-Matériel & financier

6-Les traditions familiales
(repas quotidiens, lieux de vacances, chansons...)

7-Le vocabulaire familial
(mots doux, gros mots, mots détournés...)

Pensum ou vraie joie, les fêtes de famille constituent souvent un passage obligé de l'enfance. Pour moi c'était...

○ Gai et animé
○ Triste et ennuyeux
○ Incolore, inodore
○ Autre

Les grands-parents

C'est parfois avec stupéfaction que des enfants ayant eu à souffrir de rapports difficiles avec leurs parents les voient se transformer en grands-parents aimants, ouverts, accueillants, à l'écoute de confidences complices. Ils ont bien souvent une place privilégiée dans le cœur des enfants qui favorise la cohésion familiale. Ils peuvent relater les bêtises d'enfance des parents et témoigner qu'ils n'ont pas toujours été des adultes tout-puissants. Pour certains enfants ayant avec leurs parents des relations très conflictuelles, le grand-parent va jouer un rôle prépondérant en offrant une affection délivrée de l'obligation d'éduquer. Les traces du passé qu'il porte en lui suscitent parfois l'admiration et permettent un nouveau regard positif sur les adultes.

La place de mes grands-parents :

- ○ Elle a été fondamentale dans mon éducation
- ○ Elle a quelque chose de bien spécial parce que...
- ○ Je n'en ai pas vraiment, nous ne sommes pas très proches
- ○ Je ne les ai pas connus et je le regrette

Quel univers mes grands-parents m'ont-ils fait découvrir ?

_____

_____

_____

_____

_____

_____

_____

_____

Les secrets de famille

Les raisons qui poussent un individu à garder secret un événement douloureux sont diverses, mais, généralement, il lui semble qu'aucun autre choix n'est possible pour échapper au déshonneur ou éviter de blesser ceux qu'il aime. La honte, la culpabilité, la douleur ne seront donc jamais exprimées. Il n'est pas nécessaire de divulguer tous les secrets, mais certains sont véritablement nocifs : suicide, inceste, incarcération, deuil, guerre, génocide, etc. Ces traumatismes graves vont, par manque de mots, se répercuter de génération en génération au travers de la communication non verbale. L'expression d'émotions incontrôlables, les lapsus, les attitudes corporelles décalées, vont transmettre un message en contradiction flagrante avec le discours qui les accompagne. Le silence qui entoure certaines périodes de la vie, au lieu de protéger les enfants d'une souffrance dont ils ne sont pas responsables, va être un incroyable générateur d'angoisse : « Il y a un secret, qui rend mon parent très malheureux, pense l'enfant, peut-être suis-je la cause de cette souffrance ? » Expliquer à un enfant les fautes ou les souffrances passées, c'est lui permettre de reprendre le contrôle de sa vie pour apprendre à ne pas commettre les mêmes erreurs et surtout à ne plus s'en sentir responsable.

Ai-je déjà eu le sentiment que l'on me cachait quelque chose ?

_____

_____

Avez-vous déjà découvert un secret de famille ?

_____

_____

Comment ?

_____

_____

Qu'avez-vous ressenti ?

_____

_____

Le kit de survie du Noël en famille

Mon petit mémo des indispensables pour ne pas me pourrir la vie au moment des fêtes de fin d'année :

1 *De la bonne musique sur mon lecteur Mp3, avec kit de branchement sur la chaîne de maman (pour éviter Pergolèse en boucle ou Francis Cabrel pendant 3 jours : un credo, vive l'œcuménisme !).*

2 *Des cadeaux simples et interchangeables (jolies bougies pour les dames, livre de cave ou bonne bouteille pour les messieurs, etc.). On ne sait jamais, si tante Alice se pointe, vous aurez un joli paquet bois de rose, parfumé jusqu'au papier de soie, à lui offrir. Ça évitera les « mes-petits-neveux-ne-pensent-jamais-à-moi ».*

3 *Une vraie bonne bouteille de champagne : en cas de crise familiale aiguë, vous aurez un ami sur qui compter.*

4 *Une petite robe en plus de votre duo préféré jean/gros pull dans la valise : maman a gardé cette vieille tradition de vous asséner un « mais, tu ne vas pas te changer pour le réveillon ma chérie ? » propre à vous faire rugir, alors que vous étrennez devant elle votre slim tout neuf et payable en trois fois.*

5 *Une réserve d'ampoules de magnésium contre le stress.*

6 *Les indispensables boules Quies® pour le réveil intempestif du petit dernier de votre frère.*

7 *Une paire de chaussures de sport pour aller courir au mieux, ou faire le tour du pâté de maisons pour éliminer le pâté de foie, en respirant un grand coup, au pire.*

Ma check-list des comportements à adopter :

1 *Éviter les traditionnels sujets qui fâchent mais aussi les questions trop perso : à table, on se contente de dire que le repas est délicieux (même si on en a super ras-le-bol du sucré-salé). Mieux vaut picorer du culturel sans rentrer dans le débat : au menu, des « tapas » jusque dans les conversations ! Très tendance, on vous dit.*

2 *Maintenir les petits rituels : poser un verre de lait pour le Père Noël près de la cheminée, ouvrir les huîtres avec papa, mettre la table entre cousins (sans casser les porte-couteaux en cristal de Bohême de mamie Henriette), etc.*

3 *Prendre sur soi pour ne pas ronchonner : on fait session actor's studio de la fille-qui-adore-le-pudding-de-Noël-et-la-dinde-aux-marrons. Qui sait, cette année, il y aura peut-être un plat de votre choix au menu (qui a dit « des sushis » ?), un cadeau qui vous plaira, une ambiance légère et pas de neige sur les routes pour rejoindre la campagne de votre enfance.*

4 *Ça s'appelle croire au Père Noël. Mais nous, on a décidé que ça marchait aussi pour les grands...*

À compléter...

« Pourquoi je n'aime pas Tonton Georges ? »

En famille, on se doit d'être poli et affectueux envers les membres de la tribu ; mais parfois, une tête ne nous revient pas. Je révèle enfin pourquoi je n'accroche pas avec tel ou tel de mes proches...

Mon arbre généalogique affectif

Je dessine cet arbre, non pas selon les relations de parenté, mais selon les relations affectives qui nous unissent.

Quand j'étais petit...

« *Un enfant prodige est un enfant dont les parents ont beaucoup d'imagination.* **»**

Jean COCTEAU

Portrait chinois de mon enfance

1-Si mon enfance était un lieu, un paysage

2-Si mon enfance était une odeur

3-Si mon enfance était une chanson

Quels furent les lieux marquants de mon enfance ?

_____

_____

_____

Question ouverte
Enfant, avais-je un lieu secret où me cacher, où enfouir mes « trésors » ?

_____

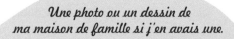

*Une photo ou un dessin de
ma maison de famille si j'en avais une.*

Souvent, on garde le souvenir des maisons où l'on a grandi... Quelles sont celles qui m'ont marqué et pourquoi ?

_____

_____

_____

_____

_____

Est-ce que nous avions une « maison de famille » ?
Qu'est-ce que cet endroit symbolisait pour moi ?

_____

_____

_____

_____

Ma chambre, mon univers

Quand on est petit, c'est un espace de jeux, de rêves, de travail aussi. Je me remémore les éléments importants de ma (ou mes) chambre d'enfant :

_____

_____

_____

_____

_____

Je dessine ma chambre telle qu'elle est restée dans mon souvenir.

L'ambiance générale, la déco, c'était plutôt...

- ○ Kitsch, rempli de collections bizarres
  (flacons miniatures des parfums de maman, cailloux, petites voitures...)
- ○ Une usine à rêves (sobre, classique)
- ○ Des posters en veux-tu-en voilà
  (Mickey, la Petite sirène...)
- ○ Une vraie chambre de fille/garçon
  (rideaux et couvre-lit rose, une frise voiture de course...)
- ○ Un bric-à-brac très personnel et hétéroclite

Pour moi, ma chambre, c'était :

- ○ Un fabuleux terrain de jeux
- ○ Un havre de paix
- ○ Un refuge
- ○ Le lieu angoissant où je devais dormir
- ○ Une punition

Listomanie

Quand j'étais enfant

1-Mon plus beau cadeau

2-Ma plus grande joie

3-Mon meilleur souvenir de vacances

4-Ma plus belle surprise

5-Ma plus grande fierté

6-Ma plus grande frayeur

7-Ma plus grande fierté

8-Ma plus grande colère

9 -Ma plus grande peine

10-Mes plus grosses bêtises

11-Mes dessins animés, mes héros préférés

12-Mes livres préférés

13-Mes jeux préférés

14-Mon rituel du coucher

15-Mes meilleurs souvenirs d'enfance

16-Les animaux domestiques que j'ai eus dans mon enfance

*Je colle ou je dessine
ici le personnage
qui m'a fait rêver durant mon enfance.*

Mes premières vacances sans les parents
(colonie, stage, séjour à l'étranger, etc.).

Comment ai-je vécu ce moment ?

_____

_____

Quelle impression j'en garde ?

_____

_____

_____

Qu'est-ce que cela a changé pour moi ?

_____

_____

_____

Mes anniversaires...
Y en a-t-il un qui m'ait plus profondément touché ?

_____

_____

_____

Ma plus belle fête d'anniversaire...

○ Le jour où j'ai reçu le cadeau de mes rêves
○ Le jour où Tonton Georges s'est déguisé en clown
○ Le jour où j'étais à l'autre bout du monde
○ Le jour où...

À dix ans, c'était comment ?

_____
_____
_____
_____
_____
_____
_____

Et à vingt ans ?

_____
_____
_____
_____
_____
_____
_____
_____

Les bancs de l'école

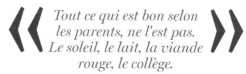

« *Tout ce qui est bon selon les parents, ne l'est pas. Le soleil, le lait, la viande rouge, le collège.* **»**

Woody ALLEN, dialogue du film
Annie Hall – 1977

Listomanie

Le primaire : de 19........ à........ 19........

1-Les écoles que j'ai fréquentées

2-Mes meilleurs amis d'enfance

3-Mes instituteurs préférés

4-...et ceux que j'aimais moins...

Le collège : de 19....... à .... 19.......

1-Les collèges que j'ai fréquentés

2-Mes meilleurs amis de cette époque

3-Mes profs préférés

4-Mes matières préférées

5-Mes bêtes noires de ces années-là (matières enseignées, enseignants, copains)

Listomanie

Le lycée : de 19....... à .... 19.......

1-Les lycées que j'ai fréquentés ⁓⁓⁓⁓⁓⁓⁓

2-Mes meilleurs amis de cette époque ⁓⁓⁓⁓⁓

3-Mes profs préférés ⁓⁓⁓⁓⁓⁓⁓

4-Mes matières préférées ⁓⁓⁓⁓⁓⁓

5-Mes bêtes noires de ces années-là (matières enseignées, enseignants, copains) ⁓⁓⁓⁓⁓

Mon bulletin / Mon diplôme

Je me souviens – comment les oublier ! – de certaines appréciations de mes professeurs... ou de notes mémorables !

Listomanie

Les études supérieures

La formation professionnelle, l'apprentissage
d'un métier : **de 19**....... **à** .... **19**.......
Ai-je choisi cette voie ou me l'a-t-on imposée ?

_____

_____

_____

_____

Que me reste-t-il de ces années ?

_____

_____

_____

_____

J'ai vécu les examens...

○ Avec tranquillité
○ Avec courage
○ Avec détachement
○ Avec stress

En résumé, **mon meilleur** souvenir d'école :

_____

_____

_____

_____

_____

_____

_____

_____

_____

En résumé, **mon pire** souvenir d'école :

_____

_____

_____

_____

_____

_____

_____

_____

_____

_____

Listomanie

1-Mes activités extrascolaires

2-Mes compétitions ou exploits sportifs

3-Mes premières notes de musique

1-D'autres pratiques artistiques

2-Des activités qui ont jalonné mon enfance et mon adolescence

Les personnes importantes de mon enfance

Ma garde rapprochée

Les copains d'abord

Les enfants, même très jeunes, tissent des liens très forts avec leurs copains, dont certains resteront pour la vie des témoins précieux de leur jeunesse. Le copain est celui qui, passant par la même période de maturation, est à même de comprendre les souffrances et les questionnements qui tourmentent. Il est un miroir dans lequel se reflètent les mêmes préoccupations et c'est un facteur important dans la construction de l'enfant. Cela explique sans doute les difficultés à se séparer de ces êtres précieux au moment d'un déménagement ou d'un changement d'établissement scolaire.

Pour les adolescents, le copain fait en général partie d'un groupe qui aide à grandir en se détachant de l'emprise familiale jugée étouffante. Durant cette période de vie où l'on est particulièrement fragile et influençable, les copains peuvent être plus ou moins appréciés par les parents qui sentent le danger d'une influence qui leur échappe. La multiplication sur le web des sites de « retrouvailles » atteste du désir croissant de se replonger dans un bain de jeunesse, en retrouvant ses copains d'enfance.

Mon meilleur ami : qui était-ce ?

_____

_____

_____

_____

_____

Comment l'ai-je rencontré ?

_____

_____

_____

_____

Quelle était la nature de notre relation ?

_____

_____

_____

_____

_____

Est-ce que mes parents l'aimaient bien ?

_____

_____

_____

_____

_____

_____

_____

Listomanie

1-D'autres personnes à qui je pense et qui ont
nourri mon enfance de jolis moments ~~~~~~~~

~~~~~~

~~~~~~

~~~~~~

Mes animaux familiers : on a tous le souvenir
de notre chien ou de notre poisson rouge...
Quelle place tenaient-ils auprès de moi ?

_____

_____

_____

_____

Je dessine mon animal de compagnie ou celui dont je rêvais à l'époque.

Mes amours d'enfance

Tout petit déjà, on prend la mesure du sentiment amoureux. Dans ce domaine, les souvenirs...

- Se ramassent à la pelle
- Fondent comme neige au soleil
- Sont dissipés dans le brouillard
- Sont radieux comme un ciel d'été

Listomanie

Mais encore ? Allez, on se jette à l'eau, on donne des prénoms, on se rappelle nos amoureux (ses) d'un jour, d'un an, d'une vie...

On prend le temps d'égrener la machine à remonter le temps de

notre vie sentimentale ⁓⁓⁓⁓⁓⁓⁓⁓⁓⁓⁓⁓⁓⁓⁓⁓⁓⁓⁓

⁓⁓⁓⁓⁓⁓⁓⁓⁓⁓⁓⁓⁓⁓⁓⁓⁓⁓⁓⁓⁓⁓⁓⁓⁓⁓⁓⁓⁓⁓⁓⁓⁓⁓

⁓⁓⁓⁓⁓⁓⁓⁓⁓⁓⁓⁓⁓⁓⁓⁓⁓⁓⁓⁓⁓⁓⁓⁓⁓⁓⁓⁓⁓⁓⁓⁓⁓⁓

⁓⁓⁓⁓⁓⁓⁓⁓⁓⁓⁓⁓⁓⁓⁓⁓⁓⁓⁓⁓⁓⁓⁓⁓⁓⁓⁓⁓⁓⁓⁓⁓⁓⁓

⁓⁓⁓⁓⁓⁓⁓⁓⁓⁓⁓⁓⁓⁓⁓⁓⁓⁓⁓⁓⁓⁓⁓⁓⁓⁓⁓⁓⁓⁓⁓⁓⁓⁓

⁓⁓⁓⁓⁓⁓⁓⁓⁓⁓⁓⁓⁓⁓⁓⁓⁓⁓⁓⁓⁓⁓⁓⁓⁓⁓⁓⁓⁓⁓⁓⁓⁓⁓

⁓⁓⁓⁓⁓⁓⁓⁓⁓⁓⁓⁓⁓⁓⁓⁓⁓⁓⁓⁓⁓⁓⁓⁓⁓⁓⁓⁓⁓⁓⁓⁓⁓⁓

⁓⁓⁓⁓⁓⁓⁓⁓⁓⁓⁓⁓⁓⁓⁓⁓⁓⁓⁓⁓⁓⁓⁓⁓⁓⁓⁓⁓⁓⁓⁓⁓⁓⁓

Je dessine les cercles d'influence de mon enfance :
ceux qui ont compté pour moi en dehors de ma famille.

Mes peines

Le chagrin d'amour

Que l'on ait dix ou cinquante ans, le sentiment amoureux est vécu avec la même intensité. Un chagrin d'amour d'enfant n'est pas un petit sentiment vécu par une petite personne mais une véritable détresse ressentie par un être humain qui est privé de son objet d'amour. Cette blessure narcissique est vive et il est important de ne pas s'en moquer car, tout comme les adultes, l'enfant se sent abandonné et a l'impression de ne pas être digne d'être aimé. Pourtant, cet épisode, pour douloureux qu'il soit, permettra à l'enfant de découvrir que son désir n'est pas tout-puissant. S'il est écouté avec bienveillance et discrétion, il apprendra à gérer les séparations et, somme toute, à grandir.

Mon premier chagrin d'amour :

_____

_____

_____

_____

_____

_____

Et après ?

_____

_____

_____

_____

_____

_____

_____

Une déception marquante de mon enfance :

Comprendre la mort quand on est un enfant

Accompagner un enfant qui vient de perdre un être cher est une épreuve difficile. La tentation est grande de vouloir alléger sa peine en le tenant à l'écart et en éludant ses questions. Pour lui éviter tout choc, nous infligeons à l'enfant une souffrance plus grande encore, celle de l'angoisse de l'insécurité et de la perte de confiance en l'adulte qui lui ment. En voulant le protéger, on l'isole. Même s'il n'a pas les mots pour exprimer ses émotions, l'enfant ressent celles des adultes et vit cette mise à l'écart comme une trahison. Faire participer l'enfant aux rites du deuil et répondre à ses questions avec des mots simples adaptés à son âge, lui permet d'apprivoiser peu à peu son chagrin. S'aider de livres ou demander de l'aide à d'autres adultes est un recours possible quand le chagrin est trop fort et les mots difficilement sereins.

Durant mon enfance, mon rapport à la mort fut...

○ Inexistant
○ Distant
○ Prégnant
○ Trop proche

La première fois que j'ai été confronté à la mort : dans quelles circonstances était-ce ?

_____

_____

_____

_____

_____

_____

L'enfance

est un temps d'apprentissage, celui de la perte possible d'un être cher que l'on croit immortel. Grands-parents, ami, voire animal familier... On prend soudain conscience du temps et du cycle de la vie.

Qui s'est occupé de moi, qui m'a réconforté ?

_____

_____

_____

_____

_____

En quoi cette perte d'un être cher m'a-t-elle marqué ?

_____

_____

_____

_____

_____

Qu'ai-je retenu de cette leçon de la vie ?

_____

_____

_____

_____

_____

_____

_____

Les étapes

Mes dix ans

Le souvenir que je garde de mes 10 ans :

_____

_____

_____

_____

_____

_____

Le look de mes 10 ans :

_____

_____

_____

_____

_____

Ce qu'il m'inspire aujourd'hui :

_____

_____

_____

_____

_____

_____

Le look de mes 10 ans

Je me dessine.

Mes 20 ans

20 ans, c'est...

- L'âge des possibles
- L'âge des désillusions

20 ans, c'est...

- Le début de la vie adulte
- La fin de l'enfance

20 ans, c'est...

- La première fois que j'ai
- La dernière fois que j'ai

20 ans, pour moi, c'était un âge de...

- Bonheur
- Espoir
- Illusion
- Mal-être
- Construction
- Reconnaissance
- Quête
- Découverte
- Émancipation
- Idéaux
- Conviction
- Bataille
- Amour

- Études
- Sérieux
- Insouciance
- Rébellion
- Amitié

Listomanie

1- 20 ans en un adjectif

2- 20 ans en un sentiment

3- 20 ans en une émotion

4- 20 ans en une personne

5- 20 ans en un lieu

6- 20 ans en une couleur

Les faux souvenirs

Notre mémoire est un outil merveilleux, elle forge notre personnalité en s'alimentant des nombreuses expériences que nous emmagasinons depuis l'enfance. Elle est soumise à ce qui nous entoure, à nos rêves, à notre fragilité personnelle… mais c'est un instrument peu fiable que l'on peut parfois manipuler dangereusement. Une simple suggestion peut créer une telle confusion qu'il est parfois difficile pour des thérapeutes, des policiers ou des enquêteurs de ne pas induire, par leurs questions, de faux souvenirs. Les souvenirs d'enfance sont eux aussi soumis à ce phénomène : de nombreuses études ont prouvé qu'il était possible d'y implanter sans difficulté des « souvenirs-écrans ». Quelques-uns de ces faux souvenirs sont basés sur des expériences réelles, mais certaines parties en sont partiellement déformées dans le temps ou dans l'espace. S'il vaut mieux ne pas faire totalement confiance à notre mémoire en ce qui concerne les mauvais souvenirs, pour les autres… Après tout…

Est-ce que j'aimais bien mon nom de famille ?
Pourquoi ?

_____

_____

_____

_____

_____

_____

_____

_____

_____

_____

_____

_____

_____

Les faux souvenirs

J'en ai quelques-uns en mémoire :

_____

_____

_____

_____

_____

_____

Je les ai construits parce que :

_____

_____

_____

_____

_____

_____

Quelle est leur fonction pour moi :

_____

_____

_____

_____

_____

_____

_____

Chapitre *2

Sur la route

*D*evenir adulte est un voyage à la fois excitant et effrayant : c'est s'accepter tel que nous sommes sans renoncer à notre part d'enfance. Toutes les épreuves traversées nous ont permis de grandir et cette maturité devrait rendre notre regard sur nous-même un peu plus indulgent. Ainsi, devenir adulte, c'est aussi apprendre à se connaître pour tirer parti de ses qualités et de ses défauts. On peut se dire, par exemple : « Cette hypersensibilité qui est la mienne me fait parfois souffrir mais elle m'a bien souvent permis de ressentir des dangers que d'autres n'auraient pas perçus. », ou encore : « Ma retenue m'a parfois évité les erreurs de tel ou tel qui se mettent en avant sans réfléchir. » C'est enfin se voir tel que l'on est, en essayant de s'accepter, diriger vers nous-mêmes un peu de la bienveillance que nous portons à nos amis, auxquels nous n'infligerions pas le dixième des cruautés que nous nous imposons. Il s'agit aussi de comprendre que ce que les autres perçoivent de nous est somme toute assez éloigné de la petite fille aux couettes blondes ou du petit garçon en culottes courtes que nous sommes restés à l'intérieur. Devenir adulte, c'est aussi lâcher une part d'insouciance et prendre conscience du Je, singulier, autonome et seul, pour se confronter aux expériences de la vie.

Mes goûts et mes couleurs

Listomanie

Vous êtes plutôt... ?

1-Sucré ou salé ?

2-Chaud ou froid ?

3-Montagne ou mer ?

4-Blanc ou noir ?

5-Jour ou nuit ?

6-Soir ou matin ?

7-Hiver ou été ?

8-Fromage ou dessert?

9-Vin ou eau?

10-Sauce ou vapeur?

11-Coton ou laine?

12-Jungle ou désert?

13-Voiture ou avion?

1-J'aime _____

2-J'aime pas _____

Quand je regarde ces listes, je me dis :

_____
_____
_____
_____
_____
_____
_____
_____
_____
_____
_____
_____
_____
_____
_____
_____
_____
_____
_____

Pêle-mêle de jolies choses

Je colle ici des images que j'aime et qui évoquent pour moi la beauté et l'harmonie.

Mes objets

Notre quotidien est gonflé de technologie, d'objets, d'addictions.

Alors, accro ou pas ?

- À la télé
- Au téléphone portable
- Au lecteur MP3
- Au PDA
- À l'ordinateur
- Aux écrans, en général
- À la voiture
- D'autres addictions ? Et pourquoi ?

Est-ce que j'aime les objets ?

_____

_____

_____

_____

Pourquoi ?

_____

_____

_____

_____

_____

_____

Le bonheur

Le bonheur est sans doute autant lié à une disposition naturelle qu'a des événements ponctuels mais, même peu doué, chacun peut y accéder avec un peu de bon sens et d'humilité. Loin des clichés publicitaires, par le simple fait d'être attentif à ses propres sensations physiques, morales et de prendre conscience de ses chances (pouvoir marcher, parler, se nourrir sans infirmière, etc.). Bien sûr, cette petite philosophie active nécessite un minimum de sécurité matérielle ; peu de gens sauraient s'extasier devant un lever de soleil après cinq jours sans manger et trois nuits à errer pour ne pas avoir froid. Personne ne peut, ni n'est tenu de « faire le bonheur » d'un autre. On peut y contribuer, en favoriser l'émergence, pas l'inventer. Le meilleur ami du monde ne peut rien faire de plus pour nous que nous aider à nous rendre nous-même heureux. À nous de tendre vers du « plus » – du plus passionnant, du plus valorisant, du plus loin, du plus brillant – ou de nous satisfaire de ce dont nous disposons.

Quel est l'objet auquel je tiens le plus ?

_____

_____

_____

_____

Pourquoi ?

_____

_____

_____

_____

_____

_____

_____

Petite collection personnelle

Littérature

1-Les 5 livres qui ont marqué ma vie ‿‿‿‿‿‿‿‿‿‿‿‿‿

‿‿‿‿‿‿‿‿‿‿‿‿‿‿‿‿‿‿‿‿‿‿‿‿‿‿‿‿‿‿‿‿‿

‿‿‿‿‿‿‿‿‿‿‿‿‿‿‿‿‿‿‿‿‿‿‿‿‿‿‿‿‿‿‿‿‿

2-Le genre de littérature que j'affectionne ‿‿‿‿‿‿‿‿

‿‿‿‿‿‿‿‿‿‿‿‿‿‿‿‿‿‿‿‿‿‿‿‿‿‿‿‿‿‿‿‿‿

3-Mes auteurs préférés ‿‿‿‿‿‿‿‿‿‿‿‿‿‿‿‿‿‿‿

‿‿‿‿‿‿‿‿‿‿‿‿‿‿‿‿‿‿‿‿‿‿‿‿‿‿‿‿‿‿‿‿‿

4-Les personnages de roman auxquels je m'identifie

‿‿‿‿‿‿‿‿‿‿‿‿‿‿‿‿‿‿‿‿‿‿‿‿‿‿‿‿‿‿‿‿‿

Cinéma

1-Mes 5 acteurs préférés ‿‿‿‿‿‿‿‿‿‿‿‿‿‿‿‿‿

‿‿‿‿‿‿‿‿‿‿‿‿‿‿‿‿‿‿‿‿‿‿‿‿‿‿‿‿‿‿‿‿‿

‿‿‿‿‿‿‿‿‿‿‿‿‿‿‿‿‿‿‿‿‿‿‿‿‿‿‿‿‿‿‿‿‿

2-Mes 5 films cultes ‿‿‿‿‿‿‿‿‿‿‿‿‿‿‿‿‿‿‿‿

‿‿‿‿‿‿‿‿‿‿‿‿‿‿‿‿‿‿‿‿‿‿‿‿‿‿‿‿‿‿‿‿‿

‿‿‿‿‿‿‿‿‿‿‿‿‿‿‿‿‿‿‿‿‿‿‿‿‿‿‿‿‿‿‿‿‿

3-Le film que j'ai le plus visionné ‿‿‿‿‿‿‿‿‿‿‿‿

4-Mon réalisateur fétiche ‿‿‿‿‿‿‿‿‿‿‿‿‿‿‿‿‿

‿‿‿‿‿‿‿‿‿‿‿‿‿‿‿‿‿‿‿‿‿‿‿‿‿‿‿‿‿‿‿‿‿

Musique

1-Les 5 disques qui ont révolutionné mon existence ‿‿‿‿

‿‿‿‿‿‿‿‿‿‿‿‿‿‿‿‿‿‿‿‿‿‿‿‿‿‿‿‿‿‿‿‿‿

2-Les 5 chansons ou morceaux que j'aime écouter en boucle

‿‿‿‿‿‿‿‿‿‿‿‿‿‿‿‿‿‿‿‿‿‿‿‿‿‿‿‿‿‿‿‿‿

3-Les groupes/chanteurs que j'ai vus en concert

‿‿‿‿‿‿‿‿‿‿‿‿‿‿‿‿‿‿‿‿‿‿‿‿‿‿‿‿‿‿‿‿‿

4-La chanson ou l'air qui me rend gai

5-La chanson ou l'air qui me rend nostalgique

Arts plastiques
1-Les 5 tableaux ou œuvres qui me procurent de l'émotion

2-Mes 5 peintres ou sculpteurs préférés

3-Mon tableau ou mon œuvre fétiche

4-Le musée ou la galerie d'art où j'aime me perdre

5-Un artiste d'hier ou d'aujourd'hui, tous arts confondus, qui me touche, m'attire ou me fascine

6-...Je m'avoue télévore – séries, émissions, films – alors je vous livre mes rendez-vous télé préférés d'aujourd'hui... Mon top 5 télé (séries, émissions mémorables...)

7-Les 5 sites Internet que je visite le plus souvent

Gastronomie

1- Mes restos préférés ﹏﹏﹏﹏﹏﹏﹏﹏﹏﹏﹏

2- Mes bars préférés ﹏﹏﹏﹏﹏﹏﹏﹏﹏﹏﹏

3- Mes plats favoris ﹏﹏﹏﹏﹏﹏﹏﹏﹏﹏﹏

4- La recette qui me permet de briller en société ﹏﹏﹏﹏

5- Mon pire cauchemar de cuisine ﹏﹏﹏﹏﹏﹏﹏

À lire ces listes, je me dis que tel membre
de ma famille a eu de l'influence sur mes goûts.
Qui est-ce ?

Les citations, poèmes qui m'accompagnent.

Ai-je un souvenir lié à une rencontre artistique ?
(une expo, un documentaire, un livre, un film, etc.) ?

_____

_____

_____

_____

_____

On me propose de dîner en tête-à-tête avec un artiste : qui je choisis et pour quel type de dîner ?

_____

_____

_____

_____

_____

Y a-t-il un personnage historique que j'admire et pourquoi ?

_____

_____

_____

_____

Les personnages historiques avec qui j'aimerais avoir une sérieuse petite conversation...

_____

_____

_____

Mes passions

Quelle est ma passion de toujours ?

_____

_____

_____

_____

_____

_____

_____

_____

_____

_____

Les diverses activités que j'ai pratiquées dans ma vie :

_____

_____

_____

_____

_____

_____

_____

_____

_____

_____

_____

_____

_____

_____

_____

_____

_____

Mon hobby aujourd'hui : que m'apporte-t-il ?

_____

_____

_____

_____

_____

_____

_____

_____

_____

_____

_____

_____

_____

Mes voyages

Mon premier séjour à l'étranger :
dans quelles circonstances s'est-il déroulé ?
Quels souvenirs je garde de ce voyage ?

_____

_____

_____

_____

_____

Parmi les pays ou régions parcourus, quels sont ceux qui
m'ont marqué et pourquoi ?

_____

_____

_____

_____

_____

Je les classe par ordre de préférence ou d'importance
pour moi et je note mes impressions, en quelques mots-clés.

_____

_____

_____

_____

_____

_____

On m'invite à vivre une année hors de chez moi, dans quel endroit je choisis de me poser ?

_____

_____

_____

_____

Je dois mettre à profit cette année.
Je choisis de...

- O Apprendre une langue étrangère
- O Vivre une nouvelle expérience professionnelle
- O Me fondre dans la culture locale
- O M'isoler pour écrire, peindre, etc
- O Je ne sais pas à l'avance, je verrai sur place
- O Une autre idée

On me propose de faire un tour du monde personnalisé en choisissant dix pays. J'ai un an pour les parcourir.
Mon programme...

1 - _____

2 - _____

3 - _____

4 - _____

5 - _____

6 - _____

7 - _____

8 - _____

9 - _____

10 - _____

Petit jeu du « carnet de voyage »...

Je m'amuse à retrouver les sensations liées aux pays
(ou régions) que j'ai visités.

Un pays, une première impression :

_____

Un pays, un sentiment général :

_____

Un pays, une odeur :

_____

Un pays, une couleur :

_____

Un pays, un plat :

_____

Un pays, une boisson :

_____

Un pays, une image :

_____

Un pays, un objet :

_____

Un pays, un son :

_____

Un pays, une coutume :

_____

Un pays, un événement :

_____

Les pays que j'ai déjà visités :

_____

_____

_____

_____

_____

_____

_____

_____

_____

Ceux que je voudrais visiter, et pourquoi ils m'attirent :

_____

_____

_____

_____

_____

_____

_____

Au lieu de les laisser se faner dans vos guides sur vos étagères,

collez ici quelques souvenirs de voyage.

Voyager pour moi c'est

- ⊙ Un bouleversement, je perds mes repères :
- ⊙ Une bouffée d'air indispensable pour supporter mon quotidien.
- ⊙ Un moyen ludique d'enrichir mon expérience :
- ⊙ Une occasion de partager une aventure unique avec ceux que j'aime.

Autoportrait en gribouillages

Allez, d'un coup d'un seul, j'inscris très vite...

5 qualités (forcément avouables !) :

_____

_____

_____

_____

5 défauts (forcément pardonnables !) :

_____

_____

_____

_____

Une petite manie honteuse :

_____

Un grand regret :

_____

Ce qui me réconforte quand tout va mal :

_____

_____

_____

_____

Ce que j'ai accompli, dont je suis très fier :

_____

_____

_____

_____

Le sens le plus aiguisé chez moi :

_____

_____

_____

_____

Mon talent caché :

_____

_____

_____

_____

Listomanie

Un cliché de moi aujourd'hui :
mes premières et mes dernières fois.

Mes premières fois

1-Premier mot

2-Premier ami

3-Premier succès

4-Premier échec

5-Premier amour

6-Premier baiser

7-Première passion

8-Premier boulot

9-Première voiture

1-Premier voyage

2-Premier... :

3-Premier...

4-Premier...

5-Premier...

Mes dernières fois

1-Dernière balade

2-Dernière rupture

3-Dernière nuit blanche

4-Dernier objet que j'ai perdu

5-Dernier fou rire

6-Dernières larmes

7-Dernier dîner entre copines

8-Dernière fois où j'ai fait l'amour

9-Dernière dispute

10-Dernier cadeau

11-Dernier mensonge

12-Dernier...

13-Dernier...

14-Dernier...

15-Dernier...

Pour poursuivre l'esquisse, je rajoute ...

Ce qui m'effraie :

_____

_____

Ce qui m'attire :

_____

_____

Ce qui me révolte :

_____

_____

Ce qui me met en joie :

_____

_____

Ce qui me met en colère :

_____

_____

Ce que je m'accorde comme faiblesse :

_____

_____

Ce que je me reproche :

_____

_____

Ce qui me motive :

_____

_____

Ce qui me donne de l'énergie :

_____

_____

Si j'étais un paysage, je serais... :

_____

Si j'étais un végétal, je serais... :

_____

Si j'étais un animal, je serais... :

_____

Si j'étais un poème, je serais... :

_____

Si j'étais une matière, je serais... :

_____

Si j'étais un média, je serais... :

_____

Si j'étais un vêtement, je serais... :

_____

Si j'étais une boisson ou un plat, je serais... :

_____

Si j'étais un objet, je serais... :

_____

Si j'étais une chanson, je serais... :

_____

Si j'étais une saison, je serais… :

_____

Ce que j'aime physiquement chez moi :

_____

Ce qui me complexe :

_____

Ce que je modifierais bien en secret :

_____

_____

_____

Ce que je fais pour entretenir mon physique (sport, soins, etc.) :

_____

_____

_____

Si j'étais un personnage de fiction ou de mythologie,
je serais :

_____

_____

_____

Et si je me dessinais...

Le portrait qu'à mon avis,
mes proches feraient de moi :

La timidité

Manque de confiance en soi, embarras, crainte du ridicule, rougissement, tremblements, impression de déranger, peur de parler en public sont le quotidien du timide qui passe son temps à s'excuser. On peut être gêné de sa beauté autant que d'une disgrâce physique. Pour certains, ce fardeau qu'ils traînent depuis l'enfance peut devenir un véritable handicap, voire une phobie sociale. De nombreuses techniques et thérapies permettent désormais de venir à bout de ce qui peut virer au calvaire.

Au cœur
de l'intime

La vie spirituelle

Ai-je ou non une foi ou des convictions religieuses ?

_____

_____

_____

Si oui, quelle place j'accorde à cette croyance ?

_____

_____

_____

Ai-je des maîtres à penser en la matière ?

_____

_____

_____

Quels sont les ouvrages de référence qui accompagnent ma réflexion ?

_____

_____

Quels sont mes lieux de culte, de prière ou de méditation personnels ?

_____

_____

Est-ce que j'ai déjà fait appel à des personnalités du « monde subtil » (médium, voyance, etc.). Dans quelles circonstances et pourquoi ?

_____

_____

_____

Qu'ai-je retenu de ces rencontres ?

_____

_____

_____

Peut-être que je crois en autre chose qu'en un dieu ; peut-être que j'ai d'autres croyances. Je raconte le pan intime de ma quête spirituelle...

_____

_____

_____

Pour chacun de nous, la foi religieuse, la quête spirituelle, la réflexion métaphysique nous appellent vers...

- Le bonheur avec soi-même
- L'harmonie avec les autres
- La paix
- Le doute, l'interrogation
- La prise de recul, de distance vis-à-vis des choses

Les psys et moi

Ai-je déjà eu envie d'entreprendre un travail thérapeutique ou analytique sur moi ?

_____

_____

_____

_____

Suis-je passé à l'acte ?

_____

_____

_____

Si non, qu'est-ce qui m'a freiné ?

_____

_____

_____

Si oui, dans quelles circonstances s'est déroulée la première fois ?

_____

_____

_____

Et les suivantes ?

_____

_____

Comment s'est fait le choix de mon interlocuteur ?

_____

_____

_____

_____

Qu'est-ce qui m'a motivé à entreprendre cette démarche ?

_____

_____

_____

_____

Qu'en ai-je retiré ou gardé ?

_____

_____

_____

_____

Dans ces domaines de l'introspection et du développement personnel, ai-je des référents (personnalités, livres, etc.) ?

_____

_____

_____

_____

_____

Je liste ce que ce travail a changé pour moi.

(Cela peut concerner des anecdotes de la vie quotidienne comme
des choses plus profondes...)

Quel est mon paysage mental

Mon engagement

Quelles sont, de mon point de vue, les causes qui valent
d'être urgemment défendues ?

_____

_____

_____

_____

_____

_____

Est-ce que j'en soutiens certaines ? De quelle manière ?

_____

_____

_____

_____

Par exemple, ai-je déjà manifesté ou agi pour défendre une
cause ? Dans quelles circonstances ?

_____

_____

_____

_____

Quelle est mon implication dans la vie locale ?

_____

_____

_____

J'entoure les mots qui comptent pour moi.
Si je le souhaite, je leur attribue ma propre définition.

Altérité • _____

Altruisme • _____

Racisme • _____

Antiracisme • _____

Lutte • _____

Égalité • _____

Fraternité • _____

Parité • _____

Égalité des chances • _____

Ascenseur social • _____

Solidarité • _____

Entraide • _____

Respect de l'autre • _____

Concrètement, ai-je un engagement politique ou associatif, des gestes en faveur d'une ou plusieurs causes ?

_____

_____

_____

_____

_____

_____

_____

_____

_____

Mon quotidien

Au jour le jour

Mes rendez-vous de la semaine...

Achat de mon magazine préféré le lundi, visite chez le psy le mardi, émissions télé le jeudi soir, ménage le vendredi, café-croissant avec ma meilleure amie le samedi ? La petite musique du quotidien rythme notre semaine.

Je liste ces habitudes que je ne changerais pour rien au monde (sauf peut-être le sempiternel brunch dominical avec beau-papa)...
En clair, je détaille ma routine hebdomadaire...
et ce que je voudrais absolument changer !

8h-10h		14h-18h	
10h-12h		18h-20h	
12h-14h		20h-22h	
14h-16h		22h-24h	

Ma journée type :

_____

Mon premier geste au réveil :

_____

Mon rituel avant de m'endormir :

_____

Mon moment préféré de la journée :

_____

Mon livre noir des 5 contraintes du quotidien :

_____

Ma check-list des 5 petits bonheurs de la journée :

_____

_____

_____

_____

_____

_____

_____

_____

_____

_____

À changer en priorité :

_____

_____

_____

_____

_____

_____

_____

_____

_____

_____

_____

_____

Boulot, boulot

Les métiers et petits jobs farfelus,
et / ou alimentaires que j'ai exercés :

_____

_____

_____

_____

_____

_____

Quelle place j'accorde à la réussite professionnelle,
et, plus généralement à la réussite sociale :

_____

_____

_____

_____

_____

Pourquoi ?

_____

_____

_____

_____

_____

_____

_____

_____

Avec un peu de recul, pourquoi ai-je choisi le métier que j'exerce ? Y a-t-il une histoire de revanche personnelle, familiale, un rêve de gamin, ou autre chose qui se cache derrière tout cela ?

_____

_____

_____

_____

Qu'est-ce que j'en déduis ?

_____

_____

_____

_____

Mes pires gaffes et bévues professionnelles :

_____

_____

_____

_____

Comment j'ai réagi ? Et mon entourage ?

_____

_____

_____

_____

Ce que je préfère dans mon travail et pourquoi :

_____

_____

_____

_____

_____

_____

Quelle image de moi me renvoie-il ?

_____

_____

_____

_____

_____

_____

Les belles rencontres professionnelles, les liens amicaux que j'ai tissés :

_____

_____

_____

_____

_____

_____

_____

_____

_____

_____

En dehors de celui que j'exerce ou ai exercé, quel métier ou branche professionnelle m'aurait intéressé et pourquoi ?

_____

_____

_____

_____

_____

_____

Pourquoi je ne l'ai pas choisi ?

_____

_____

_____

_____

_____

_____

Ce qui doit changer,
mes bonnes résolutions professionnelles...

_____

_____

_____

_____

_____

_____

_____

Le stress

Le stress est la réponse de l'organisme aux différents facteurs susceptibles de l'agresser.

Il fait de plus en plus partie de notre quotidien, tant dans notre environnement (la ville, les transports, le bruit, la vitesse) que dans les relations de travail ou affectives ? Certains l'utilisent comme moteur, prenant le risque de le payer un jour ou l'autre. Face à ces agressions répétées, notre organisme commence à dysfonctionner de manière insidieuse : fatigue, troubles du sommeil, crampes intestinales, désordres hormonaux, tachycardie, anxiété, etc. ne vont plus être de simples réponses adaptatives mais s'installer de manière durable et nous rendre plus vulnérables. Le stress peut prendre le pouvoir sur nous, nous faire perdre le contrôle de la situation. D'aucuns seront apaisés par une heure de jogging matinal, une partie de tennis ou un match de rugby. Pour d'autres, au contraire, yoga et méditation produiront des effets à long terme sur le contrôle de soi dans une situation d'urgence. D'autres encore s'adonneront au chant, retrouvant leur quiétude grâce à cet exercice respiratoire mélodieux. Les techniques de massages peuvent aussi se révéler très efficaces : le toucher permet de reprendre contact en douceur avec l'autre et d'échanger à nouveau, chacun demeurant maître de la situation. Le plus important reste d'identifier les raisons d'un stress permanent. Étudier son origine et sa possible disparition est un travail essentiel qui demande parfois un peu d'aide extérieure. Se sentir à nouveau responsable et retrouver son autonomie, n'est-ce pas, après tout le meilleur moyen de gérer le stress ?

Au quotidien et au travail :

Ce qui m'entrave, me freine, me pèse :

_____

_____

_____

_____

Ce que je ne veux plus :

_____

_____

_____

_____

Ce que je veux laisser derrière moi :

_____

_____

_____

_____

Ce qui charge inutilement mon « sac à dos » :

_____

_____

_____

_____

Ce que je garde dans mon « sac à dos » :

_____

_____

_____

_____

Chapitre *3

Le grand défilé des rencontres

« Être né quelque part » nous forge une destinée que certains considèrent comme inéluctable. Ils affirment que nous devrons nous adapter à ce chemin tout tracé, sans pouvoir y échapper. Il leur est aisé, dès lors, de mettre en place un ensemble de règles intangibles et rassurantes pour maîtriser un avenir dont ils croient tout connaître. Heureusement, il y a un facteur imprévisible dans l'histoire de chacun : les rencontres que la vie va placer sur notre chemin et qui bouleverseront notre destin. Ce que les spécialistes appellent des « tuteurs de résilience » vont nous permettre de modifier totalement ce que le sort avait inscrit sur notre route. Non, tout n'est pas joué d'avance et cette rencontre amicale, amoureuse ou professionnelle, cette main tendue au bon moment, ce regard respectueux, ce miracle est possible à tout moment de notre vie. Comme une boule de billard qui renverse un ensemble bien construit, nos repères vont être chamboulés pour donner naissance à de nouvelles perspectives : une direction nouvelle jamais envisagée jusque-là, s'ouvrira. « La résilience se substitue à la fatalité » disait Stanislaw Tomkiewicz.

Mes amis

Mes amis, d'hier et d'aujourd'hui

Hier :

_____

_____

_____

_____

_____

_____

Aujourd'hui :

_____

_____

_____

_____

_____

_____

Ce que j'attends de l'amitié :

_____

_____

_____

_____

_____

Ce que l'on fait ensemble :

_____

_____

_____

_____

Ce que l'on partage :

_____

_____

_____

_____

Les grands moments d'amitié
dessinent de beaux souvenirs...

À quel moment de ma vie ou à l'occasion de quel événement
mes amis se sont-ils montrés présents à mes côtés ?

_____

_____

_____

_____

_____

_____

Avec quels amis ai-je rompu ? Pourquoi ?

_____

_____

_____

_____

_____

_____

Est-ce que je le regrette ?

_____

_____

_____

_____

_____

_____

Qu'est-ce que mes amis représentent pour moi?

_____

_____

_____

_____

_____

_____

Comment je me définirais dans mon cercle d'amis?

_____

_____

_____

_____

_____

_____

Ce que je voudrais changer:

_____

_____

_____

_____

_____

_____

Mon/ma meilleure amie

Depuis quand se connaît-on ?

_____

_____

_____

Quelles sont les circonstances de cette rencontre ?

_____

_____

_____

_____

Quel est ce «petit plus» qui nous lie ?

_____

_____

_____

Quelle est la différence qui, paradoxalement, nous unit ?

_____

_____

_____

Une anecdote évoquant notre complicité :

_____

_____

_____

_____

Les autres rencontres-clés de ma vie affective

Ces personnes, autres que ma famille ou mes amis, comptent beaucoup pour moi aujourd'hui :

_____

_____

_____

_____

_____

_____

_____

_____

En quoi ces personnes ont-elles une place spéciale dans ma vie ?

_____

_____

_____

_____

_____

Ma « généalogie amicale ».

Mes amours

Listomanie

Portrait chinois de mes amours

Si ma vie amoureuse était...

1-un mot, ce serait ⁓⁓⁓⁓⁓⁓⁓⁓⁓⁓⁓⁓⁓⁓⁓

⁓⁓⁓⁓⁓⁓⁓⁓⁓⁓⁓⁓⁓⁓⁓⁓⁓⁓⁓⁓⁓⁓⁓⁓⁓⁓⁓⁓

2-un paysage, ce serait ⁓⁓⁓⁓⁓⁓⁓⁓⁓⁓⁓⁓

⁓⁓⁓⁓⁓⁓⁓⁓⁓⁓⁓⁓⁓⁓⁓⁓⁓⁓⁓⁓⁓⁓⁓⁓⁓⁓⁓⁓

3-une couleur, ce serait ⁓⁓⁓⁓⁓⁓⁓⁓⁓⁓⁓⁓

⁓⁓⁓⁓⁓⁓⁓⁓⁓⁓⁓⁓⁓⁓⁓⁓⁓⁓⁓⁓⁓⁓⁓⁓⁓⁓⁓⁓

4-un sens, ce serait ⁓⁓⁓⁓⁓⁓⁓⁓⁓⁓⁓⁓⁓⁓⁓

⁓⁓⁓⁓⁓⁓⁓⁓⁓⁓⁓⁓⁓⁓⁓⁓⁓⁓⁓⁓⁓⁓⁓⁓⁓⁓⁓⁓

5-une partie du corps, ce serait ⁓⁓⁓⁓

⁓⁓⁓⁓⁓⁓⁓⁓⁓⁓⁓⁓⁓⁓⁓⁓⁓⁓⁓⁓⁓⁓⁓⁓⁓⁓⁓⁓

6-une chanson, un titre de film, de livre ou
d'œuvre, ce serait ⁓⁓⁓⁓⁓⁓⁓⁓⁓⁓⁓⁓⁓⁓⁓

⁓⁓⁓⁓⁓⁓⁓⁓⁓⁓⁓⁓⁓⁓⁓⁓⁓⁓⁓⁓⁓⁓⁓⁓⁓⁓⁓⁓

Et si je me risquais à une définition de l'amour...

_____

_____

Quelle place j'accorde aujourd'hui à la vie amoureuse ?

_____

_____

Quelle est la part du désir dans ma vie ?

_____

_____

_____

Je note ici quelques citations ou propos sur l'amour
qui m'émeuvent ou me semblent pertinents :

_____

_____

Que je l'ai rencontré, ou pas encore, que je le vive,
ou pas encore, qu'est-ce que j'attends, au fond,
de la relation amoureuse ?

_____

_____

_____

_____

_____

L'autre, comment le vois-je ?

_____

_____

_____

Parler d'amour, c'est souvent déterrer des secrets.
Tiens si j'en livrais un, ici et maintenant...

_____

_____

Quel type d'amoureux je suis
Entourez les termes qui vous décrivent le mieux :

Passionné • Zen • Jaloux • Euphorique • Optimiste • Fataliste
Fidèle • Éparpillé • Sur la défensive • Généreux • Conciliant •
Compréhensif • Exigeant • Exclusif • Confus • Gourmand

On compare souvent l'amour à une maladie...
En ce qui me concerne, les symptômes sont les suivants :

_____

_____

_____

Et le remède, ce serait quoi ?

_____

_____

_____

Ma vision, mon image du couple, je dirais que c'est...

_____

_____

_____

_____

Si je devais m'identifier à un couple célèbre, ce serait plutôt l'option...

○ Sartre et Beauvoir
○ Bonnie and Clyde
○ Tristan et Iseult
○ Roméo et Juliette
○ Angelina et Brad

Tout ce dont je rêvais en amour lorsque j'étais petit :

_____

_____

_____

_____

_____

Qui m'a le plus parlé des relations amoureuses dans
mon enfance et à l'adolescence et ce qu'il ou elle disait :

_____

_____

_____

_____

Celui/celle qui partage ma vie aujourd'hui

Notre rencontre :

_____

_____

_____

_____

Ce qui m'a plu tout de suite :

_____

_____

_____

_____

Ce qui m'a freiné :

_____

_____

_____

_____

Ce qui m'a attiré :

_____

_____

_____

_____

Quels sont les piliers, les «fondamentaux» de notre union :

_____

_____

_____

_____

_____

A-t-on établi un contrat de couple ?

_____

_____

_____

_____

_____

Quelles sont nos valeurs communes ?

_____

_____

_____

_____

Les convictions que l'on partage :

_____

_____

_____

_____

_____

Nos grandes différences :

_____
_____
_____
_____
_____

Notre point de désaccord essentiel :

_____
_____
_____
_____
_____

Notre plus belle réussite à ce jour :

_____
_____
_____
_____
_____

Quel est notre mode de vie actuel ?

_____
_____
_____
_____
_____
_____

Qu'est-ce que j'apprécie au quotidien avec lui/elle ?

_____

_____

_____

_____

_____

Qu'est-ce que je n'aime pas dans mon quotidien
avec lui/elle ?

_____

_____

_____

_____

_____

Quels sont nos goûts communs ?

_____

_____

_____

_____

_____

Notre plus beau moment ensemble à ce jour :

_____

_____

_____

_____

_____

La plus belle surprise qu'il/elle m'ait faite :

_____

_____

_____

_____

_____

... Que je lui ai faite :

_____

_____

_____

_____

Au choix...

Mon amour et moi, nos projets pour demain :

_____

_____

_____

_____

_____

_____

_____

_____

_____

Ou mon futur amour, mes envies pour demain :

_____

_____

_____

_____

_____

Les personnes avec qui ça ne me dérangerait pas de faire
l'amour :

_____

_____

_____

_____

_____

Les personnes avec qui j'ai vécu :

_____

_____

_____

_____

_____

_____

_____

_____

_____

_____

_____

Ma vie parentale

Le couple et la culture familiale

La plupart des conflits de couple ont trait à l'éducation des enfants. Dans un couple, chacun est issu d'une tradition familiale différente. Certains, considérant qu'elle leur a été bénéfique, souhaitent la transmettre à leurs enfants. D'autres, au contraire, qui ont souffert du mode d'éducation de leurs parents et le jugent néfaste, veulent s'en éloigner. Le choc de ces deux points de vue est parfois rude. S'enrichir de l'autre sans tirer un trait sur ses convictions personnelles est la seule manière d'éviter les conflits qui ne manqueraient pas d'éclater si l'un ou l'autre interprète ces nécessaires concessions comme une trahison de sa culture familiale ou comme un douloureux renoncement à une partie de lui-même.

Ai-je ou avais-je réfléchi à la possibilité d'être parent ?

_____

_____

_____

_____

_____

_____

_____

_____

_____

_____

_____

Ai-je eu le désir d'être parent ? Dans quelles circonstances ?

_____
_____
_____
_____
_____
_____
_____
_____

Quel parent suis-je ou pourrais-je être ?

_____
_____
_____
_____
_____
_____
_____

Quel parent voudrais-je être ?

_____
_____
_____
_____
_____
_____
_____

Quelle histoire de famille aimerais-je construire, sur quelles bases ?

_____

_____

_____

_____

_____

_____

_____

Avec l'expérience, et au vu de mon histoire familiale, que voudrais-je éviter ?

_____

_____

_____

_____

_____

_____

Quelles sont mes envies de parent ou de futur parent ?

_____

_____

_____

_____

_____

_____

_____

Devenir parent

Notre vie est jalonnée d'apprentissages et de séminaires divers et variés car il serait inconcevable de nous laisser exercer une quelconque responsabilité professionnelle sans avoir pris les garanties d'une solide formation. Mais, en ce qui concerne le rôle qui sera le plus important, et surtout le plus long de notre vie, notre indigence en matière de formation est patente ! Pourtant nous serons parent pour la vie. Notre apprentissage est souvent chaotique. Nous mettons beaucoup d'énergie à comprendre le fonctionnement d'un petit bébé et, lorsque, soulagé, enfin rassuré, nous avons vaincu nos craintes et compris la mécanique, il n'a plus six mois mais un an. C'est alors une tout autre organisation dont il faut faire la connaissance et ainsi de suite, à chaque étape de la vie, en essayant d'être le meilleur parent possible. Puis un jour, si l'on accepte l'idée que l'on fait ce qu'on peut avec ce que l'on a et, surtout, si l'on consent à se laisser guider, alors, nos enfants nous apprennent enfin à devenir parent.

Ça y est, je suis parent

Comment je suis avec mon/mes enfants
Je choisis 5 mots pour me définir dans ce rôle :

1- ...
2- ...
3- ...
4- ...
5- ...

Qu'est-ce que le rôle parental a changé dans ma vision
de la vie ?

_____

_____

_____

_____

Ce que je voudrais transmettre à mes enfants, mon idée de
l'éducation :

_____

_____

_____

_____

_____

_____

Ce dont j'ai peur :

_____

_____

_____

Pourquoi ?

_____

_____

_____

Ce que je veux éviter :

_____

_____

_____

Qu'est-ce que je voudrais améliorer dans nos relations
ou changer dans mon comportement en tant que parent ?

_____

_____

_____

_____

Et mes (futurs) petits-enfants, j'y pense ?

_____

_____

_____

_____

J'entoure les mots qui me viennent à l'esprit quand j'évoque les moments partagés avec mon/mes enfants :

Attention • Tendresse • Câlins • Opposition • Rivalité • Autorité • Joie • Rire • Complicité • Inquiétude • Confiance • Privilège • Chance • Apprentissage • Énergie • Questionnement • Jeu

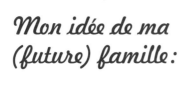

Mon idée de ma (future) famille :

Mon conjoint a des enfants...

Comment je l'étiquette de beau-père/belle-mère :

_____

_____

_____

_____

_____

Pour que cela se passe bien, à quels efforts ou concessions
ai-je consenti ?

_____

_____

_____

_____

Quelles sont mes relations avec mes beaux-enfants ?

_____

_____

_____

_____

Quelles sont mes recettes maison pour réussir la famille
recomposée ?

_____

_____

_____

_____

Petit gribouilloir pour parents stressés :

Ma vie relationnelle

Mes amis les plus proches aujourd'hui :

_____

_____

_____

_____

_____

_____

Les personnes que j'aime le plus au monde :

_____

_____

_____

_____

_____

_____

_____

_____

_____

Comment les autres me voient :

_____

_____

_____

_____

5 petites choses que la plupart des gens ne savent pas à propos de moi :

1- ...
2- ...
3- ...
4- ...
5- ...

Les caractéristiques qui font que les gens se souviennent de moi :

_____

_____

_____

_____

_____

_____

_____

Les qualités que l'on me prête généralement :
(rien ne vous empêche de faire un petit sondage autour de vous pour répondre à la question !)

_____

_____

_____

_____

_____

_____

_____

_____

Les défauts que l'on me reproche le plus souvent :

(même sondage !)

_____

_____

_____

_____

_____

_____

_____

_____

_____

_____

_____

_____

Faites un petit test :

Que pensez-vous de cette liste ?

- O Elle me satisfait
- O Elle me déçoit
- O Elle me rassure
- O Elle me réjouit

Petit jeu des 7 familles

Je dois résumer, le plus vite possible, en un ou deux adjectifs correspondant au moment présent

(je peux dater ce chapitre si je le souhaite)

L'état de mes relations avec mes parents :

_____

_____

_____

_____

Avec ma famille au sens large :

_____

_____

_____

_____

Avec ma belle-famille :

_____

_____

_____

_____

Avec mes collègues :

_____

_____

_____

_____

_____

Avec mes amis :

_____

_____

_____

_____

_____

Avec mon conjoint :

_____

_____

_____

_____

_____

Avec mes enfants :

_____

_____

_____

_____

_____

« Tout ce que je n'ai jamais osé dire à mon boss… »

Voici un espace libre pour revendiquer, vociférer,
régler mes comptes avec ma hiérarchie…
PS : cet espace marche aussi pour me défouler
sur toute personne que je désigne…

L'estime de soi

Nous avons tous une manière très personnelle de mesurer notre façon d'être ce que nous sommes. Toutes nos actions donnent matière à une réévaluation de notre estime personnelle sous forme de verdict immédiat. Chacun de nous accorde une valeur différente à ces actes, ce n'est donc pas l'acte en lui-même mais le prix que nous lui accordons qui compte. Les attentes de nos parents durant notre enfance jouent un rôle majeur dans cette organisation. De même que le regard que nous portons sur nous-même, notre estime de soi est donc constamment remise en cause et va profondément définir notre rapport aux autres. Si notre estime de soi est basse, nous avons du mal à imposer nos idées, nous renonçons peu à peu à nous-même et tolérons à notre égard des comportements irrespectueux. Nous avons même tendance à les rechercher car nous pensons que nous ne méritons pas mieux. Ce cercle vicieux peut être enrayé par beaucoup de patience, une aide extérieure ou des rencontres de confiance qui vont peu à peu changer notre vision de nous-même. Après tout « nous le valons bien ».

Chapitre *4

Des chemins de traverse au passage du gué

Si nous choisissions enfin la bientraitance, envers nous-même et envers les autres ? La bientraitance, ce petit changement de regard qui nous permet de voir chez l'autre ce qu'il a de meilleur, de l'envisager comme un individu respectable dont les besoins sont entendus et pris en compte. L'esprit bientraitant tient compte d'une évidence : du plus humble au plus puissant, du plus bête au plus malin, tous les humains détiennent le pouvoir de générer le meilleur comme le pire, seules changent les proportions du besoin de nuire ou de l'envie de bien faire. Mais rien n'est définitivement figé, nous avons le droit au changement à n'importe quel moment de notre vie. Un être bientraitant est capable de vouloir connaître L'AUTRE vraiment, en envisageant le monde de son point de vue, pour tenter de comprendre ce qu'il ressent, ce qui le motive et le pousse à agir. Par ce qu'elle implique de renoncement momentané aux réactions primitives que sont le rejet, l'agression, la domination, la prise de possession et la destruction, cette capacité à se mettre à la place de l'autre représente probablement le meilleur moyen de se bientraiter soi-même, en refusant d'être pris dans un rapport conflictuel qui blesse. Considéré avec empathie, l'autre deviendra à son tour capable d'une bienveillance dont nous serons les premiers bénéficiaires. La bientraitance fait le pari que chacun peut devenir le meilleur de lui-même. « Beaucoup de petites choses, faites par beaucoup de petites gens, dans beaucoup de petits endroits, peuvent changer la face du monde », proverbe chinois.

Bonnes résolutions

Les bonnes résolutions que je prends tous les ans :

_____

_____

_____

_____

Les nouvelles bonnes résolutions que je prends maintenant, et que cette fois je m'engage à tenir :

_____

_____

_____

La sagesse

Du « sois sage » de notre enfance à l'image du « vrai sage » que semblait être notre grand-oncle, notre voyage vers la maturité est parsemé de représentations multicolores, de trous noirs, de chagrins infinis et d'explosions de bonheur. De multiples moments de notre vie auraient sans doute mérité d'être abordés avec un peu plus de sagesse, pourtant ce concept a conservé tout son mystère. Saurons-nous être sage à la fin de nos jours et le faudrait-il vraiment ? être sage, n'est-ce pas avoir compris combien il est nécessaire, voire indispensable d'être fou et indiscipliné ? Peut-être Érasme avait-il raison lorsqu'il déclarait :

« C'est bien la pire folie que de vouloir être sage dans un monde de fous. »
ÉRASME, *Éloge de la folie.*

146

Je rêve
un peu...

Si je pouvais **revenir** en arrière d'un coup de baguette magique, je reviendrais sur certaines de mes erreurs :

- O des choix maladroits
- O des doutes
- O des crises (de rire, de larmes, de peur)
- O des hontes
- O des fiertés
- O des prises de risque, positives ou non

Si je faisais un seul vœu pour moi, qui ait une vraie chance de se réaliser, ce serait :

_____
_____
_____
_____
_____

Comment je me sens au regard de mes rêves d'enfant (Loin, près, en chemin) ?

_____
_____
_____
_____

Qu'est-ce qui me **manque** cruellement aujourd'hui et dont je pourrais formuler la demande ici ?

_____

_____

_____

_____

_____

_____

_____

_____

_____

Quelle **orientation générale** je souhaiterais donner à ma vie future, en quelques mots ?

_____

_____

_____

_____

Qu'est-ce que je voudrais ardemment **changer** par rapport à aujourd'hui ?

_____

_____

_____

_____

_____

Qu'est-ce que j'aimerais modifier ou nuancer dans ma manière de vivre ?

_____

_____

_____

_____

_____

_____

_____

_____

_____

Dans ma façon de réagir aux événements ?

_____

_____

_____

_____

_____

_____

_____

_____

_____

_____

Mes cadeaux

1-Les cadeaux que j'aimerais recevoir

2-Les pires cadeaux que j'aie jamais reçus

La chance

Lors d'un entretien d'embauche, un jeune homme s'est vu refuser le poste pour avoir affirmé qu'il n'avait pas de chance. Le directeur considérait, à juste titre, qu'avoir de la chance ou non est plus un état d'esprit qu'une fatalité. Notre attitude face aux événements que nous pensons être un coup du sort est déterminante dans notre manière d'aborder la vie : certes, je suis tombé en panne d'essence, pensera le chanceux, mais c'était juste à côté d'une station-service. Le malchanceux pensera qu'il est encore victime de son infortune habituelle et se laissera abattre. Avoir de la chance, ça se travaille. Au contraire, le cercle vicieux dans lequel s'enferme le malchanceux, en revanche, finit par le décourager, voire le déprimer. Il s'attend aux catastrophes et a le sentiment de n'avoir aucun contrôle sur sa vie. Il est urgent de changer de point de vue et de devenir quelqu'un qui a de la chance et qui la provoque. Pourquoi ne pas voir dans chaque événement la part de positif.

Si j'avais le pouvoir, soudain, de changer des choses dans le monde :

1-Je commencerais par ⁓⁓⁓⁓⁓⁓⁓⁓⁓⁓⁓⁓⁓⁓⁓⁓⁓⁓⁓⁓

2-J'améliorerais ⁓⁓⁓⁓⁓⁓⁓⁓⁓⁓⁓⁓⁓⁓⁓⁓⁓⁓⁓⁓⁓⁓⁓

3-J'arrêterais ⁓⁓⁓⁓⁓⁓⁓⁓⁓⁓⁓⁓⁓⁓⁓⁓⁓⁓⁓⁓⁓⁓⁓⁓⁓

4-J'offrirais ⁓⁓⁓⁓⁓⁓⁓⁓⁓⁓⁓⁓⁓⁓⁓⁓⁓⁓⁓⁓⁓⁓⁓⁓⁓⁓

5-Je condamnerais ⁓⁓⁓⁓⁓⁓⁓⁓⁓⁓⁓⁓⁓⁓⁓⁓⁓⁓⁓⁓⁓

6-J'autoriserais ⁓⁓⁓⁓⁓⁓⁓⁓⁓⁓⁓⁓⁓⁓⁓⁓⁓⁓⁓⁓⁓⁓⁓

7-Je favoriserais ⁓⁓⁓⁓⁓⁓⁓⁓⁓⁓⁓⁓⁓⁓⁓⁓⁓⁓⁓⁓⁓⁓

J'éradiquerais ⁓⁓⁓⁓⁓⁓⁓⁓⁓⁓⁓⁓⁓⁓⁓⁓⁓⁓⁓⁓⁓⁓⁓⁓

Mon abécédaire perso : de A à Z,
avec mes commentaires et mes définitions.

1-A comme

2-B comme

3-C comme

4-D comme

5-E comme

6-F comme

7-G comme

8-H comme

9-I comme

10-J comme

11-K comme

12-L comme

13-M comme

14-N comme

15-O comme

16-P comme

17-Q comme

18-R comme

19-S comme

20-T comme

21-U comme

22-V comme

23-W comme

24-X comme

25-Y comme ‿‿‿‿‿‿‿‿‿‿‿‿‿‿‿‿‿‿‿‿‿‿‿‿‿‿‿‿‿‿‿‿‿‿
‿‿‿
‿‿‿

26-Z comme ‿‿‿‿‿‿‿‿‿‿‿‿‿‿‿‿‿‿‿‿‿‿‿‿‿‿‿‿‿‿‿‿‿‿
‿‿‿
‿‿‿

Je dessine mon rêve le plus cher :

Coup de folie

1-Une chose que j'aimerais changer en moi ⁓⁓⁓⁓

2-Les plus beaux endroits que j'ai visités ⁓⁓⁓⁓

3-Les endroits que je voudrais visiter avant
de mourir ⁓⁓⁓⁓

4-Ce qui me fait carburer dans la vie ⁓⁓⁓⁓

5-Les folies que j'ai déjà commises ⁓⁓⁓⁓

6-Les folies que j'aimerais commettre

7-Mes moments d'ivresse d'anthologie

8-Ce que j'aimerais apprendre à faire dans ma vie

9-Les métiers que j'aimerais essayer

La to-do-list de ma vie :

Ce carnet n'est que momentanément achevé.

Parce qu'un chemin de vie n'est jamais définitivement tracé, mais sans cesse en mutation, en mouvement, plein de rebondissements, de surprises, de déviations, d'imprévus, il ne tient qu'à vous de le faire vivre, de le cacher, de le montrer. Au terme de ces pages d'écriture, vous aurez peut-être découvert le plaisir de vous connaître.

Pour l'éditeur, le principe est d'utiliser
des papiers composés de fibres naturelles,
renouvelables, recyclables et fabriquées à
partir de bois issus de forêts qui adoptent
un système d'aménagement durable. En
outre, l'éditeur attend de ses fournisseurs de
papier qu'ils s'inscrivent dans une démarche
de certification environnementale
reconnue.

Création et mise en page : Le Bureau Des Affaires Graphiques

Imprimé en Italie par Rotolito Lombarda

Pour le compte des Éditions Marabout
Dépôt légal : avril 2010
ISBN : 978-2-501-06265-7
Nuart : 4067039/01